Coaching Pro

AMÉLIORER SA CAPACITÉ DE RÉSILIENCE

Techniques et astuces pour mieux rebondir

Nicolas Martin

50MINUTES.fr

AMÉLIORER SA CAPACITÉ DE RÉSILIENCE

Techniques et astuces pour mieux rebondir

Par Nicolas Martin

50MINUTES.fr

AMÉLIORER SA CAPACITÉ DE RÉSILIENCE

- **Problématique ?** Comment développer ou renforcer sa capacité de résilience ?
- **Utilité ?** Bien que, parfois, surmonter les moments difficiles semble impossible, tout individu possède en lui, à des degrés divers, la force pour continuer à avancer et à être heureux. Et puisque ces coups durs de la vie sont inévitables, mieux vaut apprendre dès à présent à mobiliser cette force, à développer sa résilience.
- **Contexte professionnel ?** Travail d'équipe, gestion personnelle, gestion du stress, etc.
- **FAQ ?**
  - En quoi la résilience est-elle différente du coping ou de l'empowerment ?
  - Quels sont les principaux mécanismes du processus de résilience ?

- Comment s'appuyer sur son entourage sans faire fuir ses proches ?
- Est-ce que tout le monde peut être résilient et l'est-on définitivement ?
- Peut-on guérir totalement de ses souffrances ?
- A-t-on plus de chances de réussir professionnellement si l'on est résilient ?

« D'une épreuve peut naître le meilleur », soutient Boris Cyrulnik (né en 1937), psychiatre et psychanalyste français. Il fait partie du cercle très restreint des experts actuels sur le concept de résilience ou de « renaissance de sa souffrance ».

Chaque individu est supposé avoir une prédisposition naturelle quant à sa capacité à affronter les difficultés de la vie. Celles-ci se manifestent bien entendu différemment selon les personnes, chaque souffrance étant particulière. Qu'il s'agisse de la perte d'un proche, d'une agression, d'une situation de guerre, d'une catastrophe naturelle ou encore d'une longue période sans emploi, d'une rupture ou d'une violente dispute avec un proche, il n'existe tout simplement pas de hiérarchie entre les souffrances pour la simple et bonne raison que chaque individu est unique. Certains pourront rencontrer de grandes difficultés à se remettre d'une rupture, mais pourtant gérer beaucoup plus aisément que d'autres une agression physique. Ce qui reste commun, c'est la douleur qui en résulte.

Vivre une vie sans connaître de coups durs est utopique, car la souffrance, quelle qu'en soit la source, est tout simplement inévitable. Pour cette raison, il est primordial d'apprendre à recevoir cette souffrance et de réussir à la contrôler, à l'apprivoiser. Peu importe la cause de la douleur, chaque personne doit trouver en elle la force de rebondir et de poursuivre son chemin, car la vie continue sur bien des niveaux, y compris professionnel.

> « Le travail occupant une place centrale dans nos sociétés, il convient d'y voir plus clair dans ce processus de résilience et la façon dont il est possible de la renforcer, non pas parce que vous devez continuer de travailler comme si de rien n'était, mais parce que vous avez le devoir envers vous-même de continuer d'évoluer avec ce que la vie a de bon et de mauvais à offrir. Ne soyez donc pas fataliste et vous trouverez au milieu de ces pensées et de ces conseils une approche que

vous vous approprierez et qui vous aidera à appréhender les difficultés avec plus de flexibilité. Certaines épreuves nous semblent difficilement surmontables ; d'autres, qui paraîtront pourtant plus traumatisantes aux yeux de la majorité, peuvent être gérées avec plus d'aisance. Et c'est mon cas. J'ai beaucoup moins bien vécu le dénigrement d'un long travail appliqué qu'une agression physique.

J'ai eu la malchance d'être victime d'une agression alors que je rentrais chez moi un soir de semaine. Je dis « malchance », car j'ai compris que j'avais été au mauvais endroit au mauvais moment. J'ai dû me rendre à l'hôpital seul, il était déjà tard et la police m'a escorté jusqu'aux urgences. Mais les jours qui ont suivi, j'ai été très entouré, comme je n'aurais pas imaginé pouvoir l'être. C'était un défilé de proches qui, en me voyant, me donnaient d'autant plus envie de pleurer.

Je n'ai pas tant été traumatisé après coup. Je n'y pensais pas vraiment, peut-être trop pris par les dernières semaines de ma dernière année d'études. Je me souviens m'être dit que ça devait arriver un jour, que c'était arrivé, et que ça ne devrait plus arriver normalement. Ça m'avait quelque part soulagé, et je me disais que j'avais bien réagi sur le moment. J'étais presque content de moi-même, car la situation aurait pu être beaucoup plus sérieuse et mon traumatisme bien plus important.

Je pense que j'étais parti dès le début sur de bonnes bases. J'ai eu une phase de déni, mais j'ai surtout tourné la chose dans plusieurs sens, et l'humour a joué un grand rôle.

Je crois que pour tout événement entraînant une souffrance, il est impératif d'adopter une attitude détachée, mais pas seulement. Il est nécessaire d'être bien entouré, et de ne pas laisser la souffrance prendre le dessus sur le rire. Il est évident que certaines souffrances laissent peu de place à l'humour au début, mais il ne faut surtout pas qu'elles se transforment en tabous, car ce sont ces tabous qui empêchent substantiellement tout processus de résilience.

(Témoignage anonyme)

B.A.-BA DU TRAVAILLEUR RÉSILIENT

CONCEPT DE RÉSILIENCE ET GÉNÉRALITÉS

Naissance

Le terme de « résilience » est utilisé à l'origine dans le cadre de la physique, et plus particulièrement en physique des matériaux comme la métallurgie : il désigne un métal capable de résister à des chocs élevés, de retrouver son état initial après avoir été déformé.

Concept transdisciplinaire, il est emprunté par d'autres disciplines, comme en informatique, en biologie, en morale, en sciences humaines (psychologie, sociologie, etc.) ou encore en médecine. Toutes ont retenu l'essence de la définition de base de ce concept, à savoir cette capacité à retrouver ses propriétés initiales après une perturbation, en l'adaptant aux réalités de chaque discipline. Par conséquent, le terme est parfois utilisé à tort et à travers, et les experts ont du mal à s'accorder sur une définition qui puisse satisfaire tout le monde.

En France et dans le monde francophone, c'est au cours des années quatre-vingt-dix que le concept commence à être employé en psychologie, principalement par des psychiatres ou des pédopsychiatres. Celui qui s'est imposé en la matière est Boris Cyrulnik, dont l'ouvrage *Un merveilleux malheur*, paru en 1999, est à l'origine de la médiatisation de la résilience.

Bien qu'étudié au sein de la communauté scientifique anglo-saxonne depuis plusieurs décennies, ce concept est donc relativement récent, tandis que son application en psychologie ne s'est vraiment popularisée qu'au cours des années 2000.

Définition

De manière générale, le mot « résilience » est adopté dans divers domaines pour désigner l'aptitude à rebondir ou à subir des chocs sans être détruit. Sa définition en psychologie se base, quant à elle, sur celle proposée par Manciaux, Vanistendael, Lecomte et Cyrulnik (2001) : il s'agit de la « capacité d'une personne ou d'un groupe à se développer bien, à continuer à se projeter dans l'avenir en dépit d'événements déstabilisants, de conditions de vie difficiles, de traumatismes sévères » (citée dans ANAUT (Marie), « Le concept de résilience et ses applications cliniques », in *Cairn.info*, 2005).

En d'autres termes, la résilience fait référence à cette qualité personnelle que chaque individu possède et qui permet de surmonter un événement difficile ou traumatique, et de continuer à construire sa vie et à s'épanouir malgré l'adversité.

LA RÉSILIENCE, UN PROCESSUS

Il est nécessaire d'envisager la résilience comme un processus. En effet, même si elle fait initialement référence à un état et peut être envisagée comme un trait ou un résultat dans plusieurs contextes, appliquée aux individus, on parle davantage de changements progressifs et non définitifs. La capacité de résilience d'un individu est constamment remise en question, car chacun évolue au cours de son existence, de même que chaque épreuve de la vie est différente ; toutes ces évolutions en font un processus.

Un concept particulièrement actuel

Le succès qu'a connu la notion de résilience peut être expliqué par le message d'espoir qui en découle. En effet, selon cette théorie, personne n'est condamné à être malheureux, même ceux qui démarrent leur vie dans les pires conditions. Il est toujours possible de s'en sortir, rien n'est irrémédiablement écrit. Le concept de fatalité est remis en question et en ce sens, la résilience propose une dynamique positive et remplie d'espoirs.

Ce terme trouve aujourd'hui un écho particulier dans la tendance à l'individualisme de nos sociétés. Désormais, c'est l'individu qui importe en priorité, ce qui le pousse à avoir une plus grande exigence quant à son épanouissement personnel. Chaque difficulté de la vie peut devenir, par conséquent, une véritable épreuve. Cela ne signifie évidemment pas que l'on souffre actuellement plus qu'auparavant, mais plutôt que l'on souffre différemment, et surtout, que chacun est devenu plus attentif à ses sensations et à son développement face aux épreuves de la vie. Quelque part, tout le monde est devenu plus vulnérable parce que plus exposé à son ressenti.

De plus, dans un contexte économique, politique et social extrêmement mouvant, il est encore plus probable qu'une personne connaisse non pas une, mais plusieurs périodes difficiles au cours de sa vie. Et pourtant, des exemples ne cessent de démontrer que malgré la dureté des épreuves endurées, une personne peut parvenir à se relever grâce à sa volonté, à sa force intérieure, à sa capacité de résilience – d'où la nécessité de comprendre comment ce processus fonctionne et comment acquérir une plus grande résistance face aux aléas de la vie.

COMPRENDRE LES MÉCANISMES ET LES PROCESSUS

Les facteurs de résilience

De nombreuses études ont été menées sur différents groupes de personnes ayant vécu des situations difficiles et traumatiques (guerre, pauvreté, maladie). Ces études ont permis de révéler différentes catégories de ressources favorisant la résilience, qui peuvent concerner les individus, les familles, les communautés ou les sociétés. On distingue ainsi généralement quatre grands niveaux de résilience, dans lesquels sont classés les différents facteurs :

- la résilience individuelle (ressources de la personnalité) ;
- la résilience familiale (ressources issues des rapports au sein de la famille) ;
- la résilience communautaire (ressources provenant de la communauté) ;
- la résilience sociale ou sociétaire (ressources apportées par la société).

Voici plus en détail un certain nombre de facteurs permettant de faciliter la résilience, pour vous donner une idée des différents éléments présents autour de vous.

Facteurs de résilience

Facteurs de résilience individuelle	Facteurs de résilience familiale
• Intelligence • Talents • Tempérament facile • Flexibilité • Sens de l'humour • Estime de soi • Maturité • Formation scolaire • Introspection • Genre et âge • Sentiment d'utilité • Capacité à se projeter dans l'avenir • Bon sens de l'identité • Orientation spirituelle	• Âge des parents • Nombre d'enfants (< 5) • Espace entre les naissances • Espace physique suffisant • Soutien et affection • Spiritualité, idéologie • Discipline éducative • Justice intrafamiliale • Opportunités de participation • Qualité de la communication • Interactions chaleureuses et positives

Facteurs de résilience individuelle	Facteurs de résilience familiale
• Compétences sociales • Empathie • Altruisme • Sociabilité, popularité • Perception d'une relation positive avec un adulte • Locus de contrôle interne • Habilité de résolution de problèmes • Autonomie • Capacité de distanciation face à un environnement perturbé	• Enfant perçu comme une ressource, ayant de l'avenir • Habilité à faire face à l'imprévu • Habilité de résolution de conflits • Partage de valeurs • Situation financière stable • Non-possessivité • Absence de séparation en bas âge • Présence d'une figure paternelle

Facteurs de résilience communautaire	Facteurs de résilience sociale ou sociétale
• Pairs • Communauté sociale : école, quartier, associations, etc. • Communauté religieuse ou idéologique • Solidarités • Attentes élevées • Opportunités de s'impliquer • Valeurs d'entraide et de tolérance sociales • Diversité des supports et ressources sociales • Haut niveau des installations de santé, de formation, de logement, de garde, de loisirs et de transport	• Valeurs d'entraide et de tolérance sociales • Attentes élevées • Opportunités • Normes sociales et politiques combattant la pauvreté • Contrôle légal des armes strict • Contrôle légal des drogues et de l'alcool strict • Messages soutenus de non-violence dans les médias et autres • Société et culture • Taux de chômage bas • Taux de criminalité bas

C'est principalement la première catégorie de facteurs que nous analyserons ici, puisque c'est celle sur laquelle tout individu peut agir, notamment dans le cadre professionnel. Il est d'ailleurs possible d'en simplifier le classement et de réduire les facteurs permettant d'évaluer les capacités résilientes au nombre de sept, tous liés à la personnalité, mais dans le développement desquels l'environnement familial et communautaire joue un grand rôle :

- la perspicacité ;
- l'indépendance ;
- l'aptitude aux relations ;
- l'initiative ;
- la créativité ;
- l'humour ;
- la moralité.

Plus une personne en est dotée, plus elle est susceptible de se relever rapidement d'un gros choc ; ces facteurs servent donc d'indicateurs de résilience. Il faut cependant rester vigilant, car certaines variables peuvent malgré tout freiner grandement le processus de résilience, comme l'intensité du traumatisme, la soudaineté de l'agression, l'état de santé mentale préalable au choc ou encore l'absence de liens sociaux, professionnels et culturels.

Les mécanismes de résilience

La résilience, dans le courant appelé « psychologie positive », est un processus dynamique qui permet à une personne ou à un groupe ayant subi un traumatisme de se reconstruire et de mener une vie jugée satisfaisante. Il convient d'ajouter le caractère « évolutif » de ce processus dynamique, car il va de soi que la résilience n'est jamais définitivement acquise. Et si la plupart des experts sur le sujet expliquent qu'elle s'acquiert au cours de l'enfance, il n'en demeure pas moins qu'il s'agit d'une capacité fondamentale que chaque individu possède et que nous pouvons développer. Toute personne est capable de transformer sa réalité, pourvu qu'elle puise en elle et autour d'elle les éléments dont elle a besoin pour s'inscrire dans ce processus et générer cette capacité de résilience.

Boris Cyrulnik relève huit mécanismes permettant de se relever après un choc :

- la défense-protection ;
- l'équilibre face aux tensions ;
- l'engagement-défi, le fait de refuser de se laisser abattre, de défier la souffrance ;
- la relance, le fait de ne plus subir une histoire douloureuse, mais de redevenir le sujet actif de sa propre vie ;
- l'évaluation, c'est-à-dire la prise de conscience du traumatisme ;
- la signification-évaluation, ou le sens donné à l'épreuve ;
- la positivité de soi ;
- la création, c'est-à-dire le changement de perspective, la construction de quelque chose de nouveau, de plus fort.

Chacun de ces huit « chemins » mène à une plus grande résilience. Une personne aura tendance à emprunter telle voie plutôt qu'une autre en fonction de son parcours personnel et de ses préférences innées. De ce fait, une personne ayant connu, par exemple, un abandon d'un de ses parents montrera sans doute quelques prédispositions à s'inscrire dans une logique de défense-protection. Une personne positive ayant essuyé un très grand échec sentimental pourrait décider de mettre en œuvre ses mécanismes de positivité afin de se relever de cette déception, voire de poursuivre sur un processus d'engagement-défi en essayant à nouveau.

Au niveau professionnel, il n'y a pas un mécanisme qui fonctionne plus qu'un autre. Mais il est important de les connaître, la prise de conscience étant souvent très bénéfique et permettant de poursuivre son avancement dans le renforcement de sa capacité de résilience. Par ailleurs, il est possible de passer par plusieurs voies, simultanément ou successivement, pour surmonter un obstacle.

DÉVELOPPER SA RÉSILIENCE

Il est essentiel de comprendre les facteurs, les mécanismes et les processus qui permettent de développer sa résilience en cas d'événement particulièrement difficile. Mais ce n'est qu'une étape qui permet de préparer le terrain.

Stefan Vanistendael (né en 1951), sociologue, démographe et secrétaire général adjoint, chargé de recherche et de développement au Bureau international catholique de l'enfance (BICE), a souligné que deux éléments sont essentiels pour constituer les fondements de la résilience : le lien et le sens. À partir de ceux-ci, voici concrètement quelques pistes que vous pouvez essayer d'explorer pour améliorer votre résilience.

Tisser des liens sociaux

Les relations que vous avez avec votre entourage, famille et amis, sont très importantes. Le soutien apporté par des proches peut s'avérer déterminant. Mais voyez également plus large. Certaines relations professionnelles, certaines rencontres ou certaines personnes que vous connaissez, mais avec qui les contacts sont plus irréguliers, peuvent également vous offrir un soutien auquel vous n'auriez jamais pensé. Passez du temps avec ces personnes également dès que l'occasion se présente. Il faudra alors se fier à votre instinct pour distinguer quels sont celles qui pourront vous apporter ce soutien au cas où vous traverseriez une période difficile.

Prendre régulièrement du temps pour soi

Chercher du soutien dans son entourage ne signifie pas s'appuyer uniquement et exclusivement sur ces personnes. Lorsque l'on traverse des épreuves, il est essentiel de s'écouter et d'écouter ses envies les plus primaires, comme s'acheter quelque chose de particulier à manger, se faire une soirée séries, faire du sport, se mettre à un endroit spécifique avec un livre ou de la musique, etc. Tout le monde est sensible à certaines petites choses qui mettent du baume au cœur. Repérez ce qui vous fait plaisir et qui vous ressource. Si les exercices de relaxation ont des vertus indéniables, chacun se détend à sa manière.

Oser l'introspection et l'analyse approfondie de la situation

Même si cela peut s'avérer rebutant, il est souvent nécessaire de se pencher sur tous les tenants et aboutissants d'une situation difficile, que ce soit au niveau personnel ou extérieur. Beaucoup ont déjà conscience de certains éléments, et cette première perception est déjà un grand pas en avant, car cela signifie qu'un travail a commencé à être fait. Il est cependant essentiel de poursuivre ce processus d'introspection jusqu'au bout, afin de pouvoir prendre ensuite, en toute connaissance de cause, les décisions qui s'imposent.

Miser sur l'optimisme et le positivisme

Cela peut paraître cliché, mais penser de manière optimiste et positive est quelque chose qui se travaille sur le long terme, afin d'en faire une véritable hygiène de vie. Les personnes ayant tendance à vivre dans la crainte et à rester constamment sur leurs gardes finissent par provoquer les événements qu'ils ont voulu éviter et les vivent comme une fatalité. Développer son optimisme et son positivisme se réalise au jour le jour, tant au travers de petits détails quotidiens que d'éléments plus importants. En toutes circonstances, essayez de prendre conscience de ce que vous pensez et de le remettre en question s'il s'agit d'une vision pessimiste – incitant au découragement, au dénigrement de soi et à l'inaction –, dans le but de la changer en quelque chose de plus positif.

Faire de l'humour son mot d'ordre

Bien sûr, tout le monde n'est pas logé à la même enseigne quand il s'agit d'humour ; pourtant tout le monde aime rire et sourire. Lorsqu'on est capable de rire d'une situation sérieuse ou difficile, c'est que le processus de distanciation vis-à-vis de cette dernière est bien amorcé. Cela ne se fait pas en une journée, mais quoi qu'il arrive, ne laissez pas une période difficile vous enlever votre capacité à rire et à faire rire. C'est une arme puissante, un facteur de résilience herculéen, qui vous permet de voir les choses sous un autre angle et avec plus de légèreté. Attention cependant à ne pas s'en servir uniquement comme barrage à la douleur, en refusant d'approfondir le problème.

Garder un œil sur son alimentation

Des études ont montré qu'il existe un lien très fort entre la façon de se nourrir, la condition physique et le stress. Vivre un événement traumatique ou traverser une situation difficile puise dans nos forces physiques. Fatigués, nous avons tendance à négliger le sport et l'alimentation, et le cercle vicieux n'en finit plus. Faites attention à ces signaux physiques ; mangez sainement, pratiquez une activité physique et surtout, prenez soin de votre sommeil, car les vertus de ce dernier sont plus que reconnues.

FAIRE APPEL À UN PROFESSIONNEL DE LA SANTÉ

Certaines personnes auront besoin d'un appui supplémentaire et les professionnels de la santé seront d'une efficacité certaine. Si faire preuve de résilience est une qualité plus qu'utile, certaines situations peuvent faire surgir des symptômes de dépression ou d'anxiété. Alors que certains individus se sentent tout de même capables de puiser en eux pour affronter ces événements, d'autres ne devront pas hésiter à faire appel à des spécialistes. De plus en plus de personnes bénéficient d'un tel appui de manière régulière.

EN FAIRE UNE FORCE AU NIVEAU PROFESSIONNEL

Nombreuses sont les organisations qui ont compris la nécessité de développer la résilience aussi bien au niveau de l'équipe dirigeante que de celui du personnel. Puisque tout le monde est susceptible d'être confronté un jour soit à des heures de travail particulièrement longues, soit à une charge de travail importante, soit à un environnement stressant, il est tout à fait logique qu'au fur et à mesure que les recherches avancent sur le sujet, les organisations s'en imprègnent et mettent en place des formations ou des outils pour favoriser ce processus et éviter toute situation difficile au travail ou provenant du travail.

Pourquoi la résilience est-elle tout aussi importante d'un point de vue organisationnel ou professionnel ? Essentiellement parce que comprendre ce qui permet de favoriser la résilience devient de plus en plus pressant dans un contexte mondial d'hypercompétition, de complexité, de crises et de changements constants. Mettre en place des mécanismes favorables à son développement chez les travailleurs se révèle donc fondamental dans la mesure où, d'une part, la capacité d'une organisation à s'adapter passe principalement par la capacité d'adaptation de ses collaborateurs, mais d'autre part, ce contexte mondial mouvant vient limiter chaque individu dans ses capacités à anticiper et à s'adapter à ces changements organisationnels. Une situation paradoxale qui peut donc être potentiellement source de difficultés au niveau professionnel.

Au niveau individuel

Gilles Teneau, spécialiste français de la résilience au sein des organisations, en a étudié plusieurs aspects, notamment les effets positifs des personnes résilientes sur les organisations, qui atténuent le stress de leurs collaborateurs. Appelés *toxic handl*ers, « catalyseurs de souffrance » ou encore « absorbeurs d'angoisse », ces individus seraient capables de libérer les énergies, de faire preuve d'une écoute active et d'adoucir la teneur des relations, en restant en marge des jeux de pouvoir traditionnellement à l'œuvre dans le monde du travail. On les distingue grâce à plusieurs caractéristiques :

- leur capacité à se situer au niveau des sentiments ;
- leur capacité à donner du sens aux événements ;
- leur capacité à accepter l'autre sans condition.

Savoir les détecter permet de s'en inspirer. Ces profils, qu'ils aient développé un certain degré de résilience après un événement bouleversant ou qu'ils aient pu construire cette résilience au fil des années, permettent à une équipe – et par extension à une entreprise – de s'inscrire dans une logique extrêmement contemporaine, complètement différente des raisonnements classiques en matière d'organisation professionnelle.

Au niveau organisationnel

De leurs côtés, les organisations ont, elles aussi, un rôle à jouer. Elles peuvent opérer sur différents aspects pour renforcer la résilience de leurs collaborateurs sans attendre de se heurter à un problème, car des individus résilients sont des individus performants. Jean-Christophe Barralis, psychologue praticien français, a également avancé sur ces questions en partant du postulat que les échanges sur les forces et les réussites d'une équipe suscitent créativité, espoir, motivation et engagement.

Concrètement, le développement de la résilience peut être initié et soutenu par l'organisation et donc par l'équipe dirigeante et/ou managériale à travers des actions spécifiques :

- repérer les forces et atouts des collaborateurs et s'appuyer sur ces observations pour les manager ;
- focaliser l'attention sur les réussites ;
- produire du sens autant que possible ;
- comprendre le contexte de travail des collaborateurs (charge de travail) ;
- cultiver un climat de confiance ;
- susciter la cohésion, la coopération, l'entraide et la générosité ;
- encourager l'autonomie ;
- favoriser la diffusion d'émotions positives ;
- reconnaître aussi bien les efforts que les résultats ;
- montrer l'exemple.

CLIN D'ŒIL EMPLOYEUR

Certaines entreprises n'ont pas hésité à prendre les devants et à mettre en place des programmes, des formations et des outils pour favoriser la résilience à toutes les échelles avec des effets indéniables sur les maladies mentales et autres manifestations de troubles liés au travail comme l'absentéisme ou les arrêts maladies à répétition. Rien ne vous empêche de faire du *benchmarking* dans d'autres organisations ayant mis en place de telles mesures et d'en discuter au sein de votre société. Il n'y a que des avantages à favoriser la résilience au sein d'une organisation.

OBSTACLES ET DANGERS

La résilience est un concept utile pour qui veut continuer à avancer malgré les chocs que nous réserve la vie. Mais développer sa résilience n'est pas toujours simple et le chemin vers un équilibre de vie sain est rempli d'obstacles. Savoir les repérer, les anticiper et en avoir pleinement conscience permet, d'une part, de ne pas mettre en péril le travail entrepris, et d'autre part, de repartir sur de nouvelles bases d'autant plus stables que la résilience s'appuie sur la compréhension des mécanismes à l'œuvre. Quels obstacles peuvent alors interférer ?

- Certains ne parviennent pas à se représenter leur souffrance, dans la mesure où la réalité est trop difficile à accepter et le traumatisme trop important. Ils n'ont pas une vision claire des paramètres qui entrent en jeu, ne sont pas capables de comprendre d'où provient leur souffrance, ce qu'elle provoque en eux, etc. Nous ne parlons pourtant pas ici de déni, car la personne comprend confusément qu'il y a un problème et s'essaye à ce travail de représentation, mais sans pour autant dépasser cette étape. Si l'on suit la logique de Boris Cyrulnik, lorsque ce processus n'est pas possible ou est rendu difficile, l'individu ne parvient pas à maîtriser le traumatisme et la capacité de résilience en est grandement compromise.
- Un autre danger réside dans l'attachement qui se développe parfois envers la souffrance. Cela n'est pas à exclure. Certaines personnes ont conscience d'avoir vécu un événement traumatisant, mais, au lieu d'entamer un processus de reconstruction, entreront dans une relation dangereuse avec la souffrance endurée. Certaines personnes se complaisent

ainsi dans la souffrance, choisissant la facilité du statut de victime plutôt que de se donner la peine de se battre pour se relever.

- Par ailleurs, faire preuve de résilience ne signifie pas jouer les durs, devenir inébranlable ou tout prendre sur soi sans demander d'aide à qui que ce soit, car la solitude est le plus sûr moyen d'empêcher la résilience. Si, bien entendu, il est parfois bon de se recentrer sur soi-même pour affronter certaines situations difficiles, se couper de tout et de tous risque en revanche d'entraver le processus et de fragiliser outre mesure les fondations résistantes que l'on a cru construire.

- Au contraire, certains individus auront tendance à se reposer complètement sur d'autres personnes et à négliger l'aspect personnel et individuel du processus. S'il est parfois difficile de maintenir l'équilibre entre ces deux aspects, il est toutefois possible d'en prendre conscience, notamment lorsque vous ne vous sentez pas capable de vous retrouver seul ne serait-ce que pour une journée. L'entourage est bien entendu un soutien essentiel, mais il est nécessaire de développer sa résilience par soi-même et pour soi-même.

- Sur le chemin, certains seront tentés d'entrer dans une logique de déni, pensant qu'il s'agit de bases solides. Or nier l'existence de sa souffrance est contraire aux mécanismes permettant de développer de réelles capacités de résilience.

Dans tous les cas, la flexibilité sera votre meilleure alliée. Développer sa résilience implique de manier ses capacités de résistance aux chocs de différentes façons. On ne devient pas résilient une bonne fois pour toutes ; on réutilise ces capacités sous des formes différentes et adaptées aux situations. Ainsi, face au dénigrement de votre présentation par un collègue, vous penserez par exemple à utiliser l'humour ; face au décès d'un ami, vous vous réfugierez chez des proches qui pourront vous apporter du soutien ; etc.

La résilience n'étant pas quelque chose de définitif ni de figé, il s'agit donc d'un équilibre atteint entre la gestion des aspects négatifs d'une souffrance ou d'un traumatisme et les capacités à en faire une force permettant de continuer à vivre de manière saine et sereine. Or cet équilibre est fragile, pour la bonne raison que les situations difficiles se succèdent et ne ressemblent pas. Il est donc nécessaire de chercher à s'adapter et de constamment faire évoluer ses mécanismes de résilience, même lorsque l'on croit être devenu assez fort pour résister à tous les vents. C'est un processus continu, une attitude, une « hygiène de vie », une façon de penser et d'agir qui permet d'être progressivement plus apte à faire face à des situations difficiles en puisant dans sa capacité à penser de façon différente.

TOP CONSEILS

- **Maintenez et favorisez les contacts sociaux**. Votre réseau social – famille, amis et connaissances – joue et jouera toujours un rôle essentiel. Toutes ces personnes vous permettront de trouver de l'aide et du soutien dans les moments difficiles. Par conséquent, élargir ce réseau signifie augmenter vos chances de trouver du réconfort lorsque le besoin s'en fera sentir, tandis que l'attention et l'écoute que vous manifesterez à l'égard d'autrui ne pourra que générer des effets bénéfiques. Dès lors, pourquoi ne pas vous impliquer dans une association ou une organisation par exemple ?
- **Évitez de vous dire que les périodes de crise sont insurmontables**. Vous ne pouvez pas empêcher que certaines choses soient particulièrement difficiles à vivre et stressantes. En revanche, vous pouvez changer la façon d'interpréter ces coups durs pour y répondre de façon moins fataliste. Soyez positif ! Il est essentiel d'essayer de voir au-delà de la situation et de se projeter vers des événements

plus agréables. Car non, il n'y a aucune raison que vous soyez privés à jamais de moments heureux.

- **Acceptez que le changement fasse partie du cours des choses**. Tout change, vous y compris. L'important est de savoir accompagner ces changements, de s'adapter.
- **Fixez-vous des objectifs**. Là encore, il ne s'agit pas d'être rigide et de vouloir à tout prix les atteindre. Vous devez avancer dans cette direction, en accomplissant au quotidien des choses qui vous en rapprochent. Vous serez lancés progressivement dans une dynamique vertueuse et vous évoluerez avec beaucoup plus de détermination et de flexibilité.
- **Prenez des décisions fermes**. Vous pouvez toujours agir contre des coups durs en faisant preuve de fermeté dans vos choix et vos décisions. Agissez au niveau des éléments sur lesquels vous pouvez avoir une influence.
- **Cherchez ces opportunités pour explorer votre personnalité**. Une situation difficile est aussi un moyen de se découvrir sous un angle nouveau et de devenir plus résilient. Connaître des périodes de crise et réussir à les dépasser permet de mieux gérer ses relations sociales,

d'avoir une meilleure estime de soi, de se sentir plus fort – même si l'on reste vulnérable –, de mieux apprécier les différentes choses qui composent la vie et d'en tirer parti.

- **Entretenez une image positive de vous-même**. Développez une confiance en vos capacités à résoudre les problèmes. Au fil des années, chacun commence à se connaître et à savoir comment il fonctionne. Essayez de repérer les moyens mis en œuvre qui vous ont déjà permis de vous sentir mieux dans des situations pénibles ; vous développerez plus d'aisance pour réagir de façon adaptée.

- **Gardez les choses en perspective**. On a tendance à grossir certains aspects et à les imaginer de façon disproportionnée. Essayez plutôt de replacer les éléments dans un contexte plus large, de comprendre ce qui a pu mener à cette situation ou pourquoi vous réagissez de telle façon. Comprendre est une clé de voûte.

- **Restez confiant en l'avenir** et ce qu'il a à vous offrir, car l'optimisme amène les événements heureux. Par ailleurs, il est toujours plus constructif d'essayer de visualiser ce à quoi vous aspirez que de craindre ce qui pourrait vous empêcher d'y parvenir.

- **Assumez ce que vous êtes**, votre parcours et votre situation. Acceptez la façon dont se sont passées certaines choses, la façon dont d'autres se passeront, mais acceptez également que vous ayez la possibilité d'influencer et de faire évoluer certaines situations. Il est parfois utile de se dire « très bien, là ça ne va pas du tout, j'ai enchaîné les coups durs. C'est un fait. Ça me mine le moral. » Et à partir de là, pensez à ce dont vous disposez déjà dans votre vie qui peut vous permettre de vous remettre sur les bons rails et faire preuve de résilience. Essayez d'identifier ce qui est susceptible de fonctionner pour vous et pour votre situation. Vous serez capables par la suite de reproduire ce schéma de façon adaptée.

FAQ

EN QUOI LA RÉSILIENCE EST-ELLE DIFFÉRENTE DU COPING OU DE L'*EMPOWERMENT* ?

Même si la délimitation de la définition du concept de résilience est sujette à discussion, la résilience apporte une nuance en plus que les concepts de coping ou d'*empowerment*.

- **Le coping** vise à renforcer la capacité de gestion de l'anxiété et de contrôle des peurs. C'est l'ensemble des efforts et des processus déployés par un individu entre lui-même et un événement perçu comme menaçant ou stressant, pour maîtriser, tolérer ou diminuer l'impact de cet événement sur son bien-être physique et psychologique. Il s'agit finalement d'apprendre à faire face à l'adversité par quelque moyen que ce soit.
- **L'*empowerment*** est un processus ou une approche qui vise à permettre aux individus d'avoir plus de pouvoir d'action et de décision,

plus d'influence sur leur environnement et leur vie. Cela suppose que chaque individu possède un potentiel, des ressources et doit pouvoir les utiliser afin d'améliorer ses conditions d'existence et de tracer la route vers plus d'équité. Ce terme n'a pas réellement de traduction française, mais il signifie « pouvoir d'agir » ou « développement du pouvoir d'agir ».

- **La résilience**, quant à elle, apporte une nuance en plus à ces deux concepts, en ce qu'elle permet de dépasser le négatif et d'avancer de manière positive pour continuer à vivre le mieux possible. Le coping ou l'*empowerment* n'induisent pas nécessairement cet aspect du bien-être global. Il s'agit seulement de répondre à des situations difficiles par différents moyens, sans se soucier de savoir si le résultat sera profondément positif au niveau psychologique ou physique.

QUELS SONT LES PRINCIPAUX MÉCANISMES DU PROCESSUS DE RÉSILIENCE ?

Les spécialistes sur le sujet ont trouvé plusieurs mécanismes que les individus ayant connu un événement particulièrement difficile mettent en place, parfois successivement, pour contrer ces trajectoires négatives :

- la défense-protection ;
- l'équilibre face aux tensions ;
- l'engagement-défi ;
- la relance ;
- l'évaluation ;
- la signification-évaluation ;
- la positivité de soi ;
- la création.

Au sein de ces mécanismes, on repère certains outils permettant leur application, comme l'humour, facteur de résilience particulièrement développé chez les personnes résistantes aux secousses de la vie. Cette capacité à déployer une forme d'autodérision face à son traumatisme souligne une réelle appropriation et une volonté de ne pas se complaire dans la tristesse et de cesser d'être perçu par les autres comme une victime.

Certaines personnes optent pour le déni, pensant que renvoyer l'image de quelqu'un de fort les protégera de la pitié de leur entourage et annulera les effets de l'événement traumatisant. Le déni n'est pourtant pas un mécanisme de résilience à proprement parler, car ce rejet pur et simple se base sur une omission de l'événement traumatique et non pas une compréhension et/ou une appropriation de cet événement pour le transformer. Le déni induit une fragilité intérieure qui met en péril l'intégralité du processus.

COMMENT S'APPUYER SUR SON ENTOURAGE SANS FAIRE FUIR SES PROCHES ?

L'entourage – famille, amis et connaissances – joue un rôle essentiel. Il permet de parler de la souffrance, de la percevoir sous différents angles pour apprendre à mieux la maîtriser. Mais il est également important de pouvoir mettre ces personnes à l'aise sur le sujet quand vous en parlez. Il ne faut pas qu'ils sentent que c'est un tabou et qu'ils doivent prendre des pincettes pour en discuter librement et de façon constructive. C'est donc en ayant préalablement réussi à dédramatiser vous-même dans votre esprit cette souffrance que vous pourrez véritablement vous appuyer sur votre entourage.

EST-CE QUE TOUT LE MONDE PEUT ÊTRE RÉSILIENT ET L'EST-ON DÉFINITIVEMENT ?

Partant du principe que chacun possède en soi les capacités qui permettent de dépasser une souffrance et de continuer à avancer sans se fermer à toute autre forme de bonheur, tout le monde peut *a priori* faire preuve de résilience. En revanche, la résilience n'est jamais totalement acquise ; c'est un processus continu que chacun développe tout au long de son existence.

Ce qui est sûr, c'est cette dualité qui existe face à la souffrance : on peut soit se laisser abattre, soit se battre. Et c'est là un choix qui dépend des personnes et des situations : certains décideront pleinement de mettre en œuvre des mécanismes de résilience pour ne pas rester victimes de cette souffrance ; d'autres ne prendront pas conscience des capacités dont ils disposent et choisiront d'autres alternatives, comme le déni, quitte à traîner cette souffrance sous des formes différentes.

PEUT-ON GUÉRIR TOTALEMENT DE SES SOUFFRANCES ?

La résilience n'est pas une solution miracle permettant de vivre sans plus jamais avoir à penser aux souffrances endurées, comme si elles n'avaient jamais existé. Il faut bien comprendre que l'objectif est de réussir à se reconstruire après les difficultés rencontrées. La souffrance est alors souvent maîtrisée et transformée, mais elle ne s'efface jamais complètement. Pour autant, cette souffrance ne constitue plus un frein au développement personnel et à une existence heureuse, car elle a été transformée en une force de vie.

A-T-ON PLUS DE CHANCES DE RÉUSSIR PROFESSIONNELLEMENT SI L'ON EST RÉSILIENT ?

La réussite professionnelle ne dépend pas de la capacité de résilience d'une personne. En revanche, faire preuve de résilience au travail permet de créer un cercle vertueux qui peut éventuellement mener à une bonne gestion des problèmes, une meilleure perception des opportunités qui se présentent, ou à devenir un pilier dans l'équipe.

Les personnes résilientes auront tendance à dégager une énergie saine et positive. Elles seront plus à même de faire face aux petites pressions ponctuelles comme aux grandes périodes de stress, sans transférer ce dernier sur d'autres personnes ou le garder en soi. De plus, ces personnes seront plus facilement la source de nouvelles idées, de nouvelles façons de percevoir les situations qui se présentent : elles proposeront souvent des chemins plus innovants et plus adaptés aux difficultés rencontrées.

Faire preuve de résilience permet surtout de s'inscrire dans une logique positive en ayant confiance en l'avenir, ce qui permet d'essuyer les éventuels échecs professionnels avec plus de flexibilité et de ne pas se laisser déstabiliser par les aléas.

À VOUS DE JOUER !

Stefan Vanistendael et Jacques Lecomte (Vanistendael (Stefan), Lecomte (Jacques), *Le bonheur est toujours possible. Construire la résilience*, Paris, Bayard, 2000) ont résumé les composants de la résilience sous la forme d'une petite maison appelée la *casita*. Ce modèle offre une synthèse visuelle de tous les éléments et de leur importance quant à l'amorcement d'un processus de résilience ; il peut vous permettre d'en poser les bases afin que vous perceviez davantage ce dont vous disposez déjà et ce qui vous manque ou n'est pas encore assez solide pour garantir un développement efficace.

S'il est certain que la *casita* est à adapter en fonction de sa situation personnelle, les deux auteurs insistent sur le fait qu'il s'agit d'un symbole puissant puisque la maison et le foyer renvoient normalement à un sentiment de sécurité et de soutien. Les connexions entre les pièces, qui communiquent ou non, permettent de visualiser clairement les différents éléments et points d'intérêt : la résilience se construit en se basant sur plusieurs facteurs qui interagissent entre eux. À vous de déterminer lesquels.

La *casita*

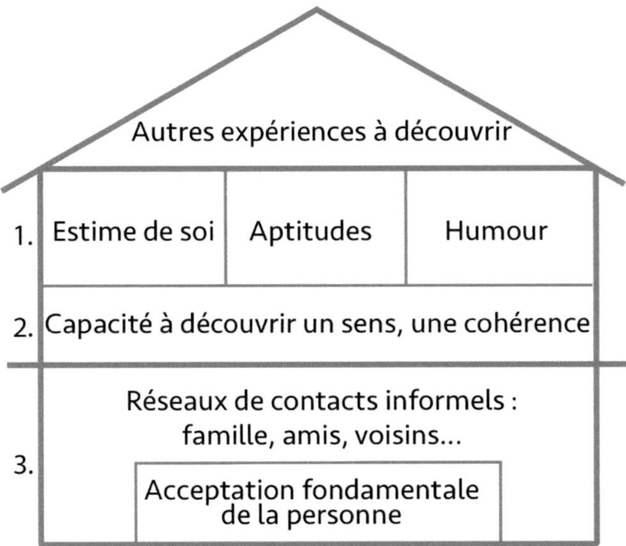

1. 1er étage
2. Rez-de-chaussée
3. Fondement

*Votre avis nous intéresse !
Laissez un commentaire sur le site de votre
librairie en ligne et partagez vos coups de cœur sur
les réseaux sociaux !*

POUR ALLER PLUS LOIN

SOURCES BIBLIOGRAPHIQUES

- ANAUT (Marie), « Le concept de résilience et ses applications cliniques », in *Cairn.info*, 2005, consulté le 16 juin 2015.
  http://www.cairn.info/zen.
  php?ID_ARTICLE=RSI_082_0004

- BRISSIAUD (Pierre Yves), *Surmonter ses blessures. De la maltraitance à la résilience*, Thonex, Jouvence, 2001.

- BRISSIAUD (Pierre Yves), *La face cachée de la résilience. Guérir vraiment ses blessures intérieures*, Thonex, Jouvence, 2008.

- CYRULNIK (Boris), *Les nourritures affectives*, Paris, Odile Jacob, 1993.

- CYRULNIK (Boris), *Un merveilleux malheur*, Paris, Odile Jacob, 2002.

- CYRULNIK (Boris), *La résilience ou comment renaître de sa souffrance ?*, Paris, Odile Jacob, 2009.

- CYRULNIK (Boris), *Résilience. Connaissances de base*, Paris, Odile Jacob, 2012.

- PÉTERS (Sophie), « La résilience au travail... C'est possible ! », in *LaTribune.fr*, 2013, consulté le 16 juin 2015.
http://www.latribune.fr/blogs/mieux-dans-mon-job/20131127trib000798064/la-resilience-au-travail-c-est-possible-.html

- PÉTERS (Sophie), « La résilience au travail », in *LeMonde.fr*, 2014, consulté le 16 juin 2015.
http://www.lemonde.fr/emploi/article/2014/08/05/la-resilience-au-travail_4439006_1698637.html

- VANISTENDAEL (Stefan), LECOMTE (Jacques), *Le bonheur est toujours possible. Construire la résilience*, Paris, Bayard, 2000.

ISBN ebook : 978-2-8062-6673-6
ISBN papier : 978-2-8062-6674-3
Dépôt légal : D/2015/12603/291
Photo de couverture : © Minerva Studio - Fotolia.com

Conception numérique : Primento,
le partenaire numérique des éditeurs